DE
PARA
DATA

STORMIE OMARTIAN
ORAÇÕES
do meu
CORAÇÃO
Ilustrado por TERRI CONRAD
Traduzido por MARIA EMÍLIA DE OLIVEIRA
MC
mundocristão

Publicado originalmente por Harvest House Publishers, Eugene, Oregon, EUA.

Os textos das referências bíblicas foram extraídos da *Nova Versão Transformadora* (NVT), da Editora Mundo Cristão (sob permissão da Tyndale House Publishers, Inc.), salvo indicação específica.

Cip-Brasil. Catalogação na publicação
Sindicato Nacional dos Editores de Livros, RJ

O64o

Omartian, Stormie
Orações do meu coração / Stormie Omartian ; ilustração Terri Conrad ; tradução Maria Emília de Oliveira. - 1. ed. - São Paulo : Mundo Cristão, 2019.
52 p.

Tradução de : Prayers from a woman's heart
ISBN 978-85-7325-844-8

1. Mulheres - Orações e devoções. 2. Devoções diárias. I. Conrad, Terri. II. Oliveira, Maria Emília de. III. Título.

19-57285 CDD: 242.643
CDU: 27-534.3-055.2

Categoria: Oração
1ª edição: julho de 2019

Edição
Daniel Faria
Preparação
Daila Fanny
Revisão
Luciana Chagas
Produção
Felipe Marques
Colaboração
Ana Paz
Diagramação
ArteAção
Papel de miolo
Offset 120g/m²
Gráfica
Santa Marta

Publicado no Brasil com todos os direitos reservados por:

Editora Mundo Cristão
Rua Antônio Carlos Tacconi, 69
São Paulo, SP, Brasil
CEP 04810-020
Telefone: (11) 2127-4147
www.mundocristao.com.br

SUMÁRIO

1. Senhor, ajuda-me a andar mais perto de ti 4
2. Senhor, purifica-me e santifica meu coração diante de ti 6
3. Senhor, ensina meu coração a perdoar 8
4. Senhor, aprofunda meu conhecimento em tua Palavra 10
5. Senhor, ensina-me a colocar ordem em minha vida 12
6. Senhor, prepara-me para ser uma verdadeira adoradora 14
7. Senhor, abençoa-me no trabalho que realizo 16
8. Senhor, planta em mim a semente do fruto de teu Espírito 18
9. Senhor, preserva-me em pureza e santidade 20
10. Senhor, leva-me a cumprir o propósito para o qual fui criada 22
11. Senhor, guia-me em todos os meus relacionamentos 24
12. Senhor, conserva-me no centro de tua vontade 26
13. Senhor, protege a mim e a tudo quanto me diz respeito 28
14. Senhor, dá-me sabedoria para tomar decisões certas 30
15. Senhor, consola-me em tempos de aflição 32
16. Senhor, cura-me e ajuda-me a cuidar de meu corpo 34
17. Senhor, usa-me para tocar a vida de outras pessoas 36
18. Senhor, ensina-me a falar apenas palavras que tragam vida 38
19. Senhor, transforma-me numa mulher cuja fé seja capaz de mover montanhas 40
20. Senhor, transforma-me numa pessoa semelhante a Cristo 42
21. Senhor, liberta-me de meu passado 44
22. Senhor, conduz-me ao futuro preparado para mim 46

Senhor, ajuda-me a andar mais perto de ti

Senhor, eu me aproximo de ti hoje, agradecida porque tu te aproximarás de mim, conforme prometeste em tua Palavra (Tg 4.8). Anseio habitar em tua presença, e quero conhecer-te de todas as formas que podes ser conhecido. Ensina-me o que preciso aprender a fim de te conhecer melhor. Não quero ser igual àquelas pessoas que "estão sempre em busca de novos ensinos, mas jamais conseguem entender a verdade" (2Tm 3.7). Quero conhecer a verdade sobre quem tu és, porque sei que estás perto de todos os que te invocam com sinceridade (Sl 145.18).

E eu pedirei ao Pai, e ele lhes dará outro Encorajador, que nunca os deixará. É o Espírito da verdade. O mundo não o pode receber, pois não o vê e não o conhece. Mas vocês o conhecem, pois ele habita com vocês agora e depois estará em vocês.

JOÃO 14.16-17

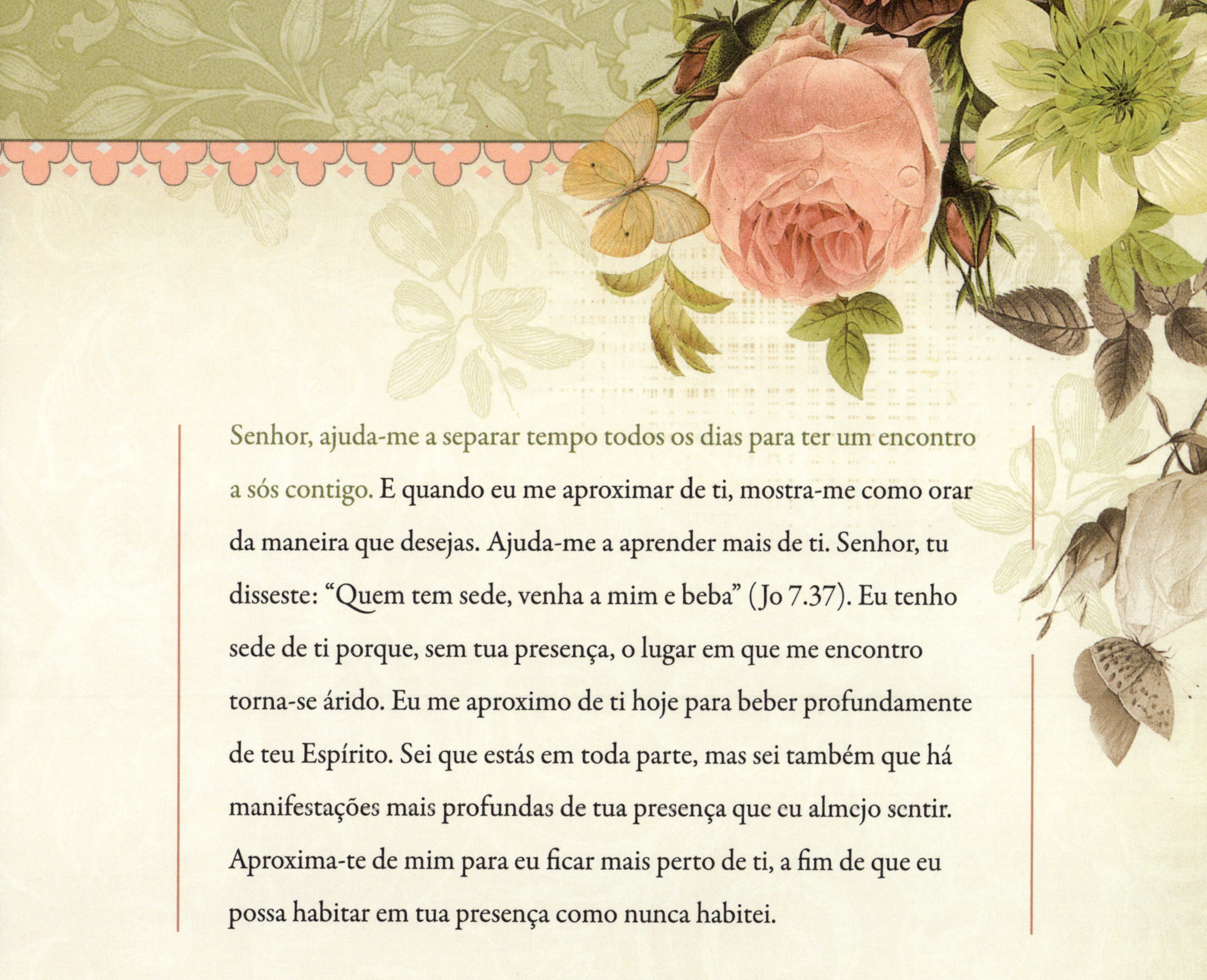

Senhor, ajuda-me a separar tempo todos os dias para ter um encontro a sós contigo. E quando eu me aproximar de ti, mostra-me como orar da maneira que desejas. Ajuda-me a aprender mais de ti. Senhor, tu disseste: "Quem tem sede, venha a mim e beba" (Jo 7.37). Eu tenho sede de ti porque, sem tua presença, o lugar em que me encontro torna-se árido. Eu me aproximo de ti hoje para beber profundamente de teu Espírito. Sei que estás em toda parte, mas sei também que há manifestações mais profundas de tua presença que eu almejo sentir. Aproxima-te de mim para eu ficar mais perto de ti, a fim de que eu possa habitar em tua presença como nunca habitei.

Aproximem-se de Deus,
e ele se aproximará de vocês.

TIAGO 4.8

SENHOR, PURIFICA-ME E SANTIFICA MEU CORAÇÃO DIANTE DE TI

Senhor, apresento-me humildemente diante de ti e peço-te que purifiques meu coração e renoves um espírito reto dentro de mim. Perdoa-me pelos meus pensamentos, pelas minhas palavras e atitudes que não te glorificam ou que estão em desacordo com teus mandamentos. Especificamente, confesso-te [cite pensamentos, palavras ou ações que você sabe que estão desagradando a Deus]. Confesso esse pecado e arrependo-me dele. Quero afastar-me desse tipo de pensamento ou ação e viver em teu caminho. Sei que és "misericordioso e compassivo, lento para se irar e cheio de amor" (Jl 2.13). Perdoa-me por não dar o devido valor a essas palavras.

Se confessarmos os nossos pecados, ele é fiel e justo para perdoar os nossos pecados e nos purificar de toda injustiça.

1JOÃO 1.9

Senhor, oro para que tenhas "misericórdia de mim, ó Deus, por causa do teu amor. Por causa da tua compaixão, apaga as manchas de minha rebeldia. [...] Cria em mim, ó Deus, um coração puro; renova dentro de mim um espírito firme. Não me expulses de tua presença e não retires de mim teu Santo Espírito" (Sl 51.1,10-11). "Mostra-me se há em mim algo que te ofende e conduze-me pelo caminho eterno" (Sl 139.24). Mostra-me a verdade a meu respeito, para que eu a veja claramente. Torna-me pura e reta diante de ti. Quero receber teu perdão para que os meus pecados sejam cancelados (At 3.19).

Finalmente, confessei a ti todos os meus pecados
e não escondi mais a minha culpa. Disse comigo:
"Confessarei ao SENHOR *a minha rebeldia", e tu*
perdoaste toda a minha culpa.

SALMOS 32.5

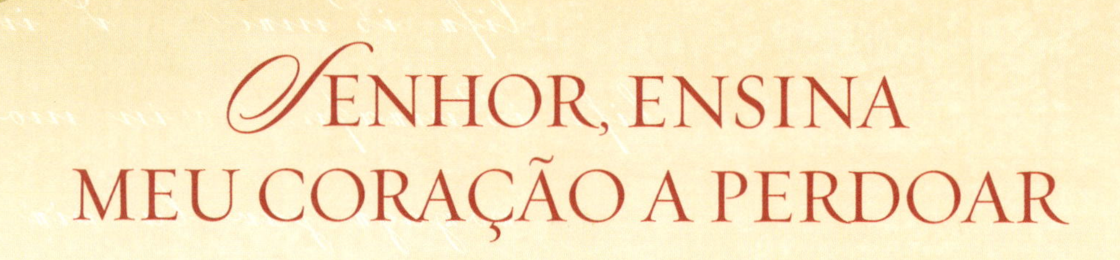

SENHOR, ENSINA MEU CORAÇÃO A PERDOAR

Senhor, ensina meu coração a perdoar. Mostra-me quando ele não souber perdoar. Se houver algum traço de raiva, amargura, ressentimento ou falta de perdão que eu não esteja identificando, revela-o para que eu confesse esse pecado diante de ti. Peço-te, de maneira específica, que me ajudes a perdoar totalmente [cite o nome da pessoa que você acha que precisa perdoar]. Faz-me entender a profundidade de teu perdão em relação a mim, de modo que nada me impeça de estender perdão aos outros. Entendo que, quando perdoo alguém, eu é que sou liberta. Entendo também que só tu conheces a história inteira, e verás a justiça ser feita.

O sensato não perde a calma, mas conquista respeito ao ignorar as ofensas.

PROVÉRBIOS 19.11

Senhor, não quero que nada interfira no relacionamento entre ti e mim, e não quero prejudicar minhas orações abrigando pecados no coração. Escolhi este dia para perdoar tudo e todos, e para caminhar livre da morte que a falta de perdão traz. Se houver alguém que não queira me perdoar, oro para que toques o coração dessa pessoa e me mostres o que devo fazer para resolver a situação entre nós. Sei que não posso ser luz para os outros enquanto estiver andando nas trevas do ódio e do rancor. Quero caminhar na luz porque estás na luz e nos purificas de todo pecado (1Jo 1.7).

Não julguem e não serão julgados.
Não condenem e não serão condenados.
Perdoem e serão perdoados.

LUCAS 6.37

Senhor, aprofunda meu conhecimento em tua Palavra

Senhor, "a tua palavra é lâmpada para meus pés e luz para meu caminho" (Sl 119.105). Capacita-me a assimilar completamente seu significado mais profundo. Dá-me mais entendimento do que acumulei até hoje, e revela-me os tesouros ocultos em tua Palavra. Oro para ter um coração ansioso por aprender, e acessível àquilo que desejas que eu saiba. Transforma-me enquanto leio tua Palavra. Ajuda-me a guardar tua Palavra dentro de minha alma todos os dias, com fidelidade e perseverança. Mostra-me se estou desperdiçando um tempo que poderia ser mais bem aproveitado lendo tua Palavra. Dá-me capacidade para memorizá-la. Grava-a em minha mente e em meu coração para que ela passe a fazer parte de mim.

Se [...] observarem atentamente a lei perfeita que os liberta, perseverarem nela e a puserem em prática sem esquecer o que ouviram, serão felizes no que fizerem.

TIAGO 1.25

Senhor, tua Palavra lembra-me quem tu és e o grande amor que sentes por mim. Ela me traz a segurança de saber que minha vida está em tuas mãos e que suprirás todas as minhas necessidades. Obrigada, Senhor, porque quando examino tua Palavra encontro a ti. Dá-me ouvidos para reconhecer tua voz falando a mim todas as vezes que eu ler tua palavra (Mc 4.23). Quando ouço tua voz e te sigo, tenho vida plena. Quando me desvio do caminho que traçaste para mim, minha vida se esvazia. Guia-me, aperfeiçoa-me e abastece-me hoje com tua Palavra.

Feliz é aquele que não segue o conselho dos perversos,
não se detém no caminho dos pecadores,
nem se junta à roda dos zombadores.
Pelo contrário, tem prazer na lei do SENHOR
e nela medita dia e noite. Ele é como a árvore
plantada à margem do rio, que dá seu fruto
no tempo certo. Suas folhas nunca murcham,
e ele prospera em tudo que faz.

SALMOS 1.1-3

SENHOR, ENSINA-ME A COLOCAR ORDEM EM MINHA VIDA

Senhor, oro para que me ajudes a pôr ordem em minha vida. Quero que estejas sempre em primeiro lugar e acima de tudo. Ensina-me a te amar de todo o meu coração, de toda a minha alma e de todo o meu entendimento. Mostra-me quando eu não estiver agindo assim. Revela-me se minha alma está à procura de um ídolo. Meu desejo é servir a ti, somente a ti. Ajuda-me a viver dessa maneira. Dá-me um coração submisso. Capacita-me a sempre me submeter às autoridades governamentais e às pessoas a quem devo prestar contas na família, no trabalho e na igreja. Mostra-me quais são as autoridades espirituais que devem fazer parte de minha vida. Coloca-me na igreja em que desejas que eu esteja.

Obedeçam a seus líderes e façam o que disserem. O trabalho deles é cuidar de sua alma, e disso prestarão contas. Deem-lhes motivo para trabalhar com alegria, e não com tristeza, pois isso certamente não beneficiaria vocês.

HEBREUS 13.17

Senhor, ajuda-me a submeter-me de boa vontade às pessoas nas situações em que devo fazê-lo. Mostra-me claramente a quem devo me submeter e como fazer isso. Dá-me discernimento e sabedoria. Mostra-me todas as vezes que não me submeti à pessoa certa e da maneira certa. Sei que, se minha vida não estiver em ordem, não receberei as bênçãos que tens para mim. Mas sei também que, se te buscar em primeiro lugar, todas as coisas me serão dadas (Mt 6.33). Busco-te neste dia e peço-te que me ajudes a pôr minha vida em perfeita ordem.

Quem se apegar à própria vida a perderá;
mas quem abrir mão de sua vida por minha causa a encontrará.

MATEUS 10.39

SENHOR, PREPARA-ME PARA SER UMA VERDADEIRA ADORADORA

Senhor, não há alegria maior para mim que te adorar. Entro em tua presença com o coração grato, e prostro-me perante ti hoje. Exalto teu nome, porque tu és grande e digno de ser louvado. "Tu me deste alegria maior" (Sl 4.7). Toda honra e majestade, toda força e glória, toda santidade e justiça são tuas, ó Senhor. Tu és "misericordioso e compassivo, lento para se irar e cheio de amor" (Sl 145.8). Teu poder é tremendo, e é impossível medir o teu entendimento (Sl 147.5). Tu alimentas os famintos e libertas os prisioneiros. Obrigada, Senhor, porque abre os olhos dos cegos e levantas os abatidos (Sl 146.7-8).

A gratidão, porém, é um sacrifício
que de fato me honra;
se permanecem em meus
caminhos, eu lhes
revelarei a salvação de Deus.

SALMOS 50.23

Senhor, ensina-me a te adorar de todo o coração, da maneira que desejas que eu te adore. Faz de mim uma verdadeira adoradora. Que o louvor e a adoração a ti sejam minha primeira reação diante de qualquer circunstância. Louvo teu nome neste dia, Senhor, porque és bom e porque teu amor dura para sempre (Sl 136.1). "Teu amor é melhor que a própria vida; com meus lábios te louvarei. Sim, te louvarei enquanto viver; a ti em oração levantarei as mãos" (Sl 63.3-4). Anunciarei a tua glória entre as nações e contarei a todos as tuas maravilhas (Sl 96.3). Atribuo a ti a glória que o teu nome merece e te adoro no esplendor de tua santidade (Sl 29.2).

Prosto-me diante de teu santo templo;
louvo teu nome por teu amor e tua fidelidade,
pois engrandeceste acima de tudo
teu nome e tua palavra.

SALMOS 138.2

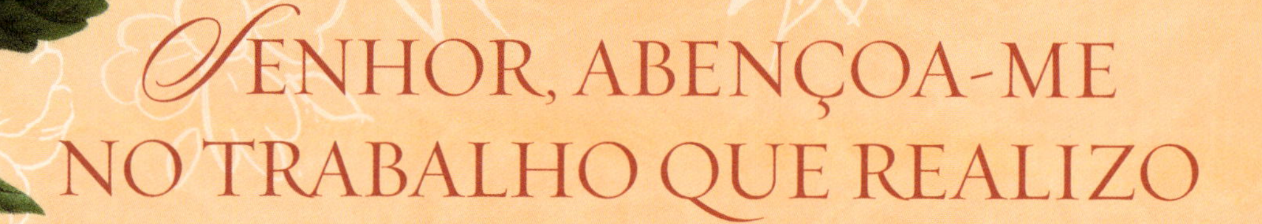

SENHOR, ABENÇOA-ME NO TRABALHO QUE REALIZO

Senhor, oro para que me mostres o trabalho que devo realizar. Se for uma obra diferente da que faço agora, revela-a para mim. Se for algo que eu deva fazer além do que já faço, mostra-me isso também. Seja qual for o teu chamado para mim, tanto agora como no futuro, oro para que me dês força e energia a fim de que esse trabalho seja bem feito. Que eu encontre plena satisfação e realização em todos os aspectos, mesmo nas partes mais difíceis e desagradáveis. Obrigada porque "o trabalho árduo produz lucro" (Pv 14.23), de uma forma ou outra.

Como é feliz aquele teme o SENHOR,
que anda em seus caminhos! Você desfrutará
o fruto de seu trabalho; será feliz e próspero.

SALMOS 128.1-2

Senhor, agradeço-te pelos talentos que me deste. Quando me faltar capacidade para exercê-los, fortalece-me e aperfeiçoa-me para que eu realize meu trabalho a contento. Abre as portas da oportunidade para eu usar meus talentos e fecha as portas que não devo atravessar. Dá-me sabedoria e orientação a respeito disso. Eu consagro meu trabalho a ti, Senhor, sabendo que os teus planos serão bem-sucedidos (Pv 16.3). Que eu sempre ame o trabalho que faço e seja capaz de fazer o trabalho que amo. Consolida a obra de minhas mãos, para que meu trabalho seja bem aceito pelos outros e abençoe muitas pessoas. Que ele sempre te glorifique.

Seja sobre nós a vontade do Senhor, nosso Deus;
faze prosperar nossos esforços, sim,
faze prosperar nossos esforços.

SALMOS 90.17

SENHOR, PLANTA EM MIM A SEMENTE DO FRUTO DE TEU ESPÍRITO

Senhor, oro para que plantes em mim a semente do fruto de teu Espírito e a faças germinar. Ajuda-me a permanecer em ti, Jesus, a fim de que eu produza fruto. Espírito Santo, enche-me novamente hoje com teu amor, para que ele transborde na vida de outras pessoas. Disseste em tua palavra: "Que a paz de Cristo governe o seu coração" (Cl 3.15). Oro para que tua paz governe meu coração e minha mente a tal ponto que as pessoas sintam essa paz quando estiverem perto de mim. Leva-me a ter como alvo a harmonia e a sempre procurar edificar a vida do meu próximo (Rm 14.19).

O Espírito produz este fruto: amor, alegria,
paz, paciência, amabilidade, bondade,
fidelidade, mansidão e domínio próprio.
Não há lei contra essas coisas!

GÁLATAS 5.22-23

Senhor, se eu precisar ser podada a fim de gerar mais frutos, submeto-me inteiramente a ti. Sei que sem ti não sou capaz de fazer nada. Tu és a videira, e eu sou o ramo. Preciso estar ligada a ti para produzir fruto. Obrigada por tua promessa de que, se eu permanecer em ti e tua Palavra permanecer em mim, poderei pedir o que quiser, e assim será feito (Jo 15.7). Obrigada por tua promessa que diz que, se eu pedir, receberei (Jo 16.24). Que eu seja "como a árvore plantada à margem do rio", para que dê "fruto no tempo certo" (Sl 1.3) e minhas folhas não murchem.

Quando vocês produzem muitos frutos, trazem glória ao meu Pai e demonstram que são meus discípulos de verdade.

JOÃO 15.8

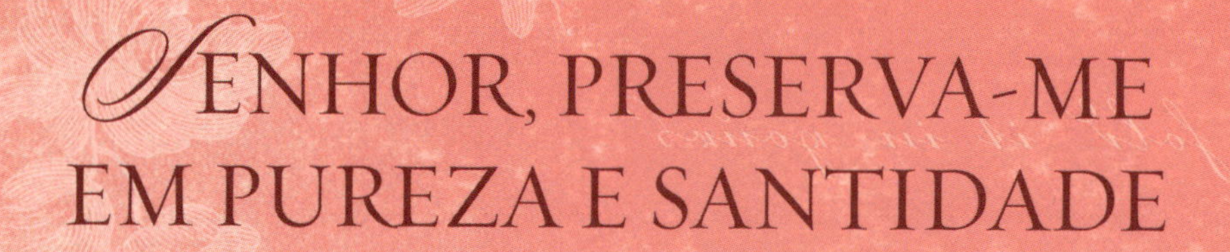

Senhor, preserva-me em pureza e santidade

Senhor, disseste em tua Palavra que fui chamada "para uma vida santa, e não impura" (1Ts 4.7). Escolheste-me para ser santa e irrepreensível diante de ti. Sei que me lavaste e me santificaste mediante o sangue de Jesus (1Co 6.11). Tu me revestiste em tua justiça e me capacitaste a ser uma nova pessoa "verdadeiramente justa e santa" (Ef 4.24). Ajuda-me a apegar-me "ao que é bom" (Rm 12.9) e conserva-me pura (1Tm 5.22). Senhor, afaste-me de tudo que não é santo. Não quero desperdiçar minha vida com coisas que não têm valor.

Mesmo antes de criar o mundo, Deus nos amou e nos escolheu
em Cristo para sermos santos e sem culpa diante dele.

EFÉSIOS 1.4

Senhor, ajuda-me a examinar meus passos, para que eu volte a trilhar os teus caminhos todas as vezes que perder o rumo. Capacita-me a fazer o que for necessário a fim de ser pura perante ti. Quero ser santa como tu és santo. Quero ser participante da tua santidade (Hb 12.10), e desejo que meu espírito, minha alma e meu corpo "sejam mantidos irrepreensíveis" (1Ts 5.23). Obrigada porque me conservarás pura e santa a fim de que eu esteja completamente preparada para tudo o que tens reservado para mim.

Felizes os que têm coração puro,
pois verão a Deus.

MATEUS 5.8

Senhor, leva-me a cumprir o propósito para o qual fui criada

Senhor, sei que tinhas um plano para mim antes que te conhecesse, e que o levarás a bom termo. Ajuda-me a viver "de modo digno do chamado" que recebi (Ef 4.1). Sei que há um objetivo elaborado para mim e que meu destino será cumprido. Ensina-me a viver ciente de que existe um propósito para minha vida e a entender qual é o teu chamado para mim. Afasta todo e qualquer desânimo que eu venha a enfrentar e substitui-o por uma alegria antecipada por aquilo que vais realizar por meu intermédio. Usa-me como teu instrumento para que eu faça diferença positiva na vida daqueles que colocares em meu caminho.

Trabalhem ainda mais arduamente para mostrar que, de fato, estão entre os que foram chamados e escolhidos. Façam essas coisas e jamais tropeçarão.

2PEDRO 1.10

Senhor, dá-me visão. Ponho minha identidade em ti e meu destino em tuas mãos. Mostra-me se o que estou fazendo agora é aquilo que devo fazer. Quero que tua obra em minha vida dure por toda a eternidade. Sei que fazes "todas as coisas cooperarem para o bem" daqueles que te amam e que são chamados de acordo com teu propósito (Rm 8.28). Oro para que me mostres claramente quais são os dons e talentos que me concedeste. Dirige-me no caminho em que devo andar enquanto desenvolvo esses dons e talentos. Capacita-me a usá-los de acordo com tua vontade e para tua glória.

Em Cristo nós nos tornamos herdeiros de Deus, pois ele nos predestinou conforme seu plano e faz que tudo ocorra de acordo com sua vontade.

EFÉSIOS 1.11

SENHOR, GUIA-ME EM TODOS OS MEUS RELACIONAMENTOS

Senhor, coloco em tua presença todas as pessoas com as quais me relaciono e peço que as abençoes. Peço que tua paz reine sobre elas e cada uma te glorifique. Ajuda-me a escolher meus amigos com sabedoria, para não perder o rumo. Dá-me discernimento e força para me afastar de pessoas que não exerçam boa influência sobre mim. Entrego todos os meus relacionamentos a ti e oro para que tua vontade seja feita em cada um deles. Oro especialmente por meu relacionamento com cada membro de minha família. Peço-te que tragas cura, reconciliação e restauração quando necessário. Abençoa esses relacionamentos e fortalece-os.

Deus dá uma família aos que vivem sós;
liberta os presos e os faz prosperar.

SALMOS 68.6

Senhor, oro por todas as pessoas com quem me relaciono e que ainda não te conhecem. Dá-me palavras certas para dizer, palavras que conduzam o coração de cada uma a ti. Quero ser tua luz na vida delas. Oro especificamente por [cite o nome de alguém que não conheça a Deus ou tenha se afastado dele]. Abranda o coração dessa pessoa e abre seus olhos para que ela te aceite e te siga fielmente. Peço também amigos piedosos, exemplos a serem seguidos e mentores para minha vida. Envia pessoas que falem a verdade com amor. Oro especialmente para que eu conheça mulheres que sejam dignas de confiança, bondosas, carinhosas e fiéis. Que, juntas, possamos elevar o padrão ao qual aspiramos.

Livrem-se de toda amargura, raiva, ira, das palavras ásperas e da calúnia, e de todo tipo de maldade. Em vez disso, sejam bondosos e tenham compaixão uns dos outros, perdoando-se como Deus os perdoou em Cristo.

EFÉSIOS 4.31-32

SENHOR, CONSERVA-ME NO CENTRO DE TUA VONTADE

Senhor, guia cada um de meus passos. "Conduze-me pela tua justiça" e "remove os obstáculos do teu caminho, para que eu o siga" (Sl 5.8). Quero me aproximar de ti e caminhar intimamente contigo todos os dias, e oro para que me conduzas aonde necessito ir. O próprio Jesus disse: "Que seja feita a tua vontade, e não a minha" (Lc 22.42); portanto, digo: não seja feita a minha, mas a tua vontade em minha vida. "Tenho prazer em fazer tua vontade, meu Deus"(Sl 40.8). És mais importante que tudo nesta vida. Tua vontade é mais importante que meus desejos. Quero viver como tua serva, fazendo de coração a tua vontade (Ef 6.6).

Nem todos que me chamam: "Senhor, Senhor",
entrarão no reino dos céus, mas apenas aqueles que,
de fato, fazem a vontade de meu Pai,
que está nos céus.

MATEUS 7.21

Senhor, ajuda-me a ouvir tua voz dizendo: "Este é o caminho pelo qual devem andar" (Is 30.21). Fala-me diretamente de tua Palavra para que eu adquira entendimento. Mostra-me se existe alguma área em minha vida na qual o foco esteja errado. Se houver algo que eu deva fazer, revela-me para que eu corrija meu rumo. Quero realizar apenas o que desejas e ir somente aonde queres que eu vá. Sei que "não somos capazes de planejar o próprio caminho" (Jr 10.23). Quero agora seguir na direção de tudo o que me tens reservado e ser tudo o que planejaste para mim, obedecendo à tua perfeita vontade para minha vida.

Vocês precisam perseverar, a fim de que,
depois de terem feito a vontade de Deus,
recebam tudo o que ele lhes prometeu.

HEBREUS 10.36

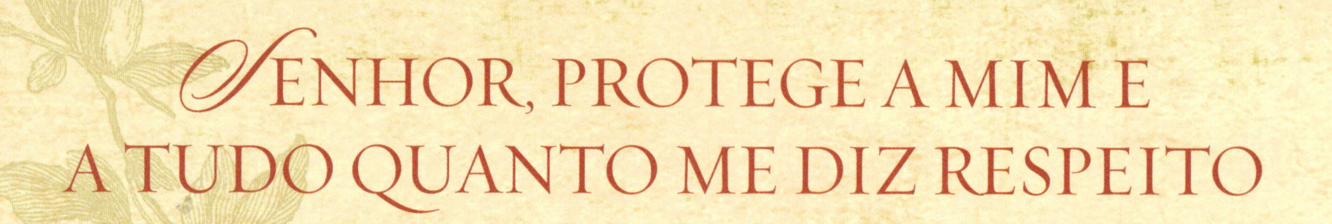

SENHOR, PROTEGE A MIM E A TUDO QUANTO ME DIZ RESPEITO

Senhor, oro para que tua mão protetora esteja sobre mim. Confio em tua Palavra, pois ela me assegura que és a rocha, a fortaleza, o libertador, o escudo e a força em que confio. Quero habitar em teu abrigo e descansar à tua sombra (Sl 91.1). Conserva-me sob tuas asas protetoras. Ajuda-me a não me desviar do centro de tua vontade nem do caminho que traçaste para mim. Capacita-me a sempre ouvir tua voz me guiando. Envia teus anjos para que me protejam em todos os meus caminhos. Que eles me segurem para que eu não tropece em alguma pedra (Sl 91.11-12).

Se você se refugiar no SENHOR, se fizer do Altíssimo seu abrigo, nenhum mal o atingirá, nenhuma praga se aproximará de sua casa.

SALMOS 91.9-10

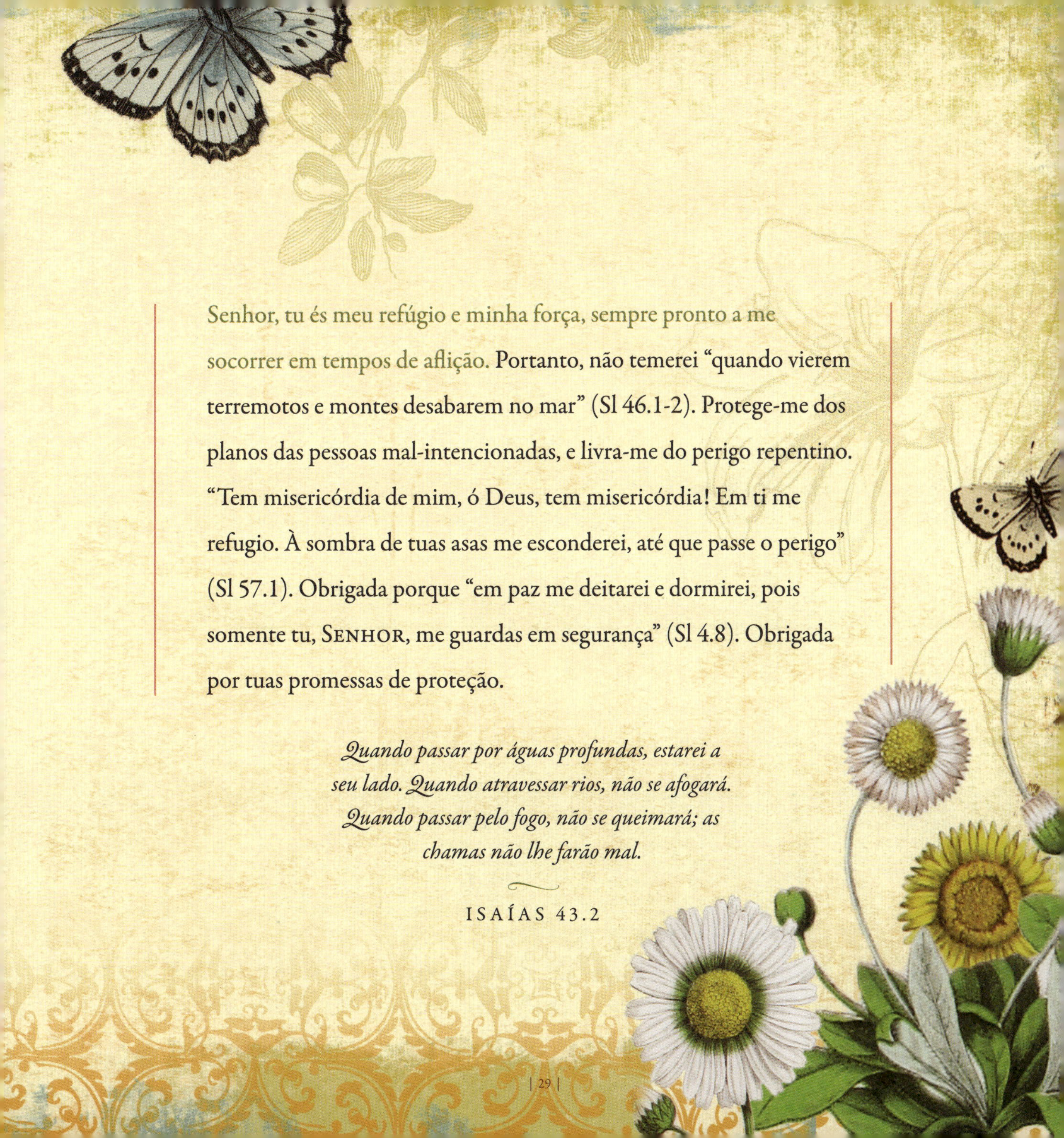

Senhor, tu és meu refúgio e minha força, sempre pronto a me socorrer em tempos de aflição. Portanto, não temerei "quando vierem terremotos e montes desabarem no mar" (Sl 46.1-2). Protege-me dos planos das pessoas mal-intencionadas, e livra-me do perigo repentino. "Tem misericórdia de mim, ó Deus, tem misericórdia! Em ti me refugio. À sombra de tuas asas me esconderei, até que passe o perigo" (Sl 57.1). Obrigada porque "em paz me deitarei e dormirei, pois somente tu, Senhor, me guardas em segurança" (Sl 4.8). Obrigada por tuas promessas de proteção.

Quando passar por águas profundas, estarei a seu lado. Quando atravessar rios, não se afogará. Quando passar pelo fogo, não se queimará; as chamas não lhe farão mal.

ISAÍAS 43.2

SENHOR, DÁ-ME SABEDORIA PARA TOMAR DECISÕES CERTAS

Senhor, oro para que me concedas sabedoria e entendimento em todas as coisas. Sei que "é melhor adquirir sabedoria que ouro, e é melhor obter discernimento que prata" (Pv 16.16); portanto, torna-me rica em sabedoria e próspera em discernimento. Obrigada porque dás "sabedoria aos sábios e conhecimento aos eruditos" (Dn 2.21). Aumenta minha sabedoria e meu conhecimento para que eu enxergue tua verdade em todas as situações. Dá-me discernimento nas decisões que preciso tomar. Por favor, ajuda-me a sempre buscar conselhos piedosos e a nunca recorrer aos ímpios para encontrar respostas. Obrigada, Senhor, porque me dás o conselho e a instrução de que necessito, mesmo enquanto durmo.

O justo oferece conselhos sábios e ensina o que é certo. Guarda no coração a lei de Deus, por isso seus passos são firmes.

SALMOS 37.30-31

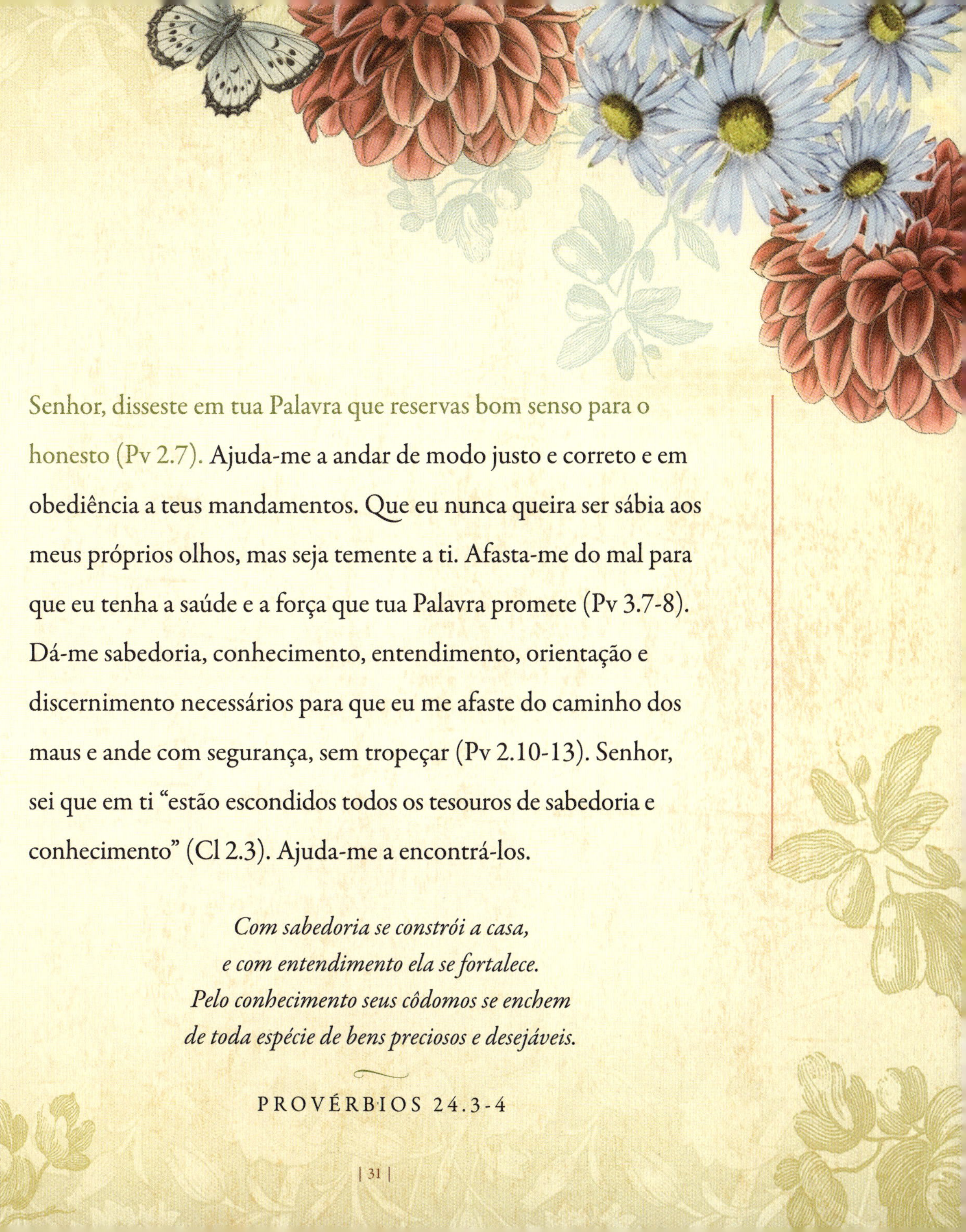

Senhor, disseste em tua Palavra que reservas bom senso para o honesto (Pv 2.7). Ajuda-me a andar de modo justo e correto e em obediência a teus mandamentos. Que eu nunca queira ser sábia aos meus próprios olhos, mas seja temente a ti. Afasta-me do mal para que eu tenha a saúde e a força que tua Palavra promete (Pv 3.7-8). Dá-me sabedoria, conhecimento, entendimento, orientação e discernimento necessários para que eu me afaste do caminho dos maus e ande com segurança, sem tropeçar (Pv 2.10-13). Senhor, sei que em ti "estão escondidos todos os tesouros de sabedoria e conhecimento" (Cl 2.3). Ajuda-me a encontrá-los.

Com sabedoria se constrói a casa,
e com entendimento ela se fortalece.
Pelo conhecimento seus cômodos se enchem
de toda espécie de bens preciosos e desejáveis.

PROVÉRBIOS 24.3-4

Senhor, consola-me em tempos de aflição

Senhor, ajuda-me a lembrar que, por mais escura que a situação esteja, tu és a luz da minha vida, a luz que nunca se apagará. Por mais negras que sejam as nuvens sobre mim, tu me elevarás acima da tempestade e me conduzirás ao conforto de tua presença. Só tu és capaz de me consolar nas perdas que eu venha a sofrer, e de preencher o vazio com coisas boas. Só tu podes levar embora meu sofrimento e dor e secar minhas lágrimas. "Responde-me quando clamo a ti, ó Deus que me faz justiça. Livra-me de minha angústia; tem compaixão de mim e ouve minha oração" (Sl 4.1). Quero permanecer firme em tua verdade e não me deixar ser levada pelas emoções.

Felizes os pobres de espíritos, pois o reino dos céus lhes pertence. Felizes os que choram, pois serão consolados.

MATEUS 5.3-4

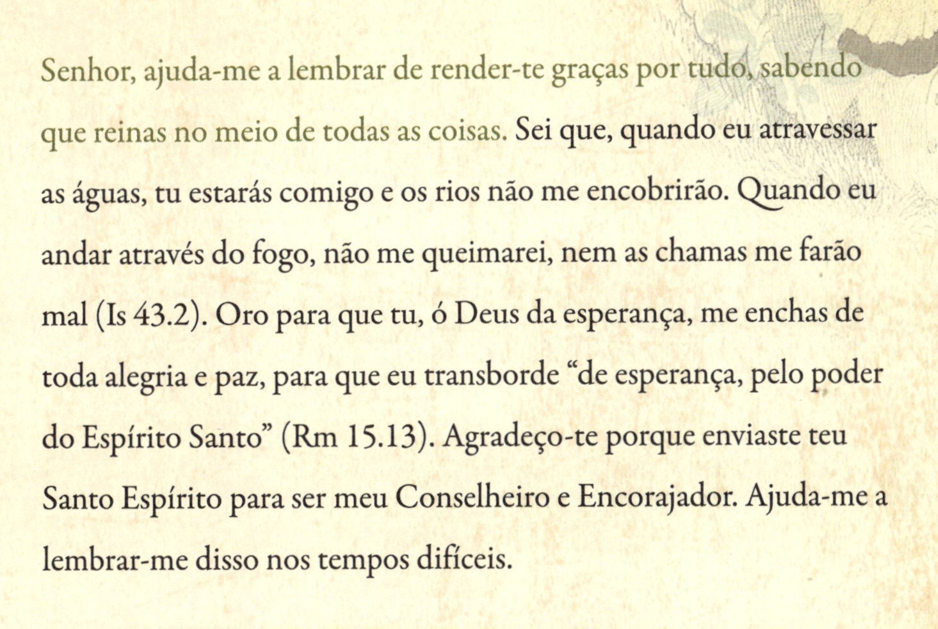

Senhor, ajuda-me a lembrar de render-te graças por tudo, sabendo que reinas no meio de todas as coisas. Sei que, quando eu atravessar as águas, tu estarás comigo e os rios não me encobrirão. Quando eu andar através do fogo, não me queimarei, nem as chamas me farão mal (Is 43.2). Oro para que tu, ó Deus da esperança, me enchas de toda alegria e paz, para que eu transborde "de esperança, pelo poder do Espírito Santo" (Rm 15.13). Agradeço-te porque enviaste teu Santo Espírito para ser meu Conselheiro e Encorajador. Ajuda-me a lembrar-me disso nos tempos difíceis.

Deus, em toda a sua graça, os chamou para participarem de sua glória eterna por meio de Cristo Jesus. Assim, depois que tiverem sofrido por um pouco de tempo, ele os restaurará, os sustentará e os fortalecerá, e os colocará sobre um firme alicerce.

1 PEDRO 5.10

SENHOR, CURA-ME E AJUDA-ME A CUIDAR DE MEU CORPO

Senhor, obrigada porque és o Deus que cura. Recorro a ti para que me cures quando estiver ferida ou enferma. Dá-me força e cura hoje. Oro especificamente por [cite uma situação em sua vida que necessita da cura de Deus]. Cura-me para que se cumpra o que foi dito por meio do profeta Isaías: "Levou sobre si nossas enfermidades e removeu nossas doenças" (Mt 8.17). Tu sofreste, morreste e foste enterrado em meu lugar, para que eu recebesse cura, perdão e vida eterna. Por tuas feridas fui curada (1Pe 2.24). Em tua presença posso esticar o braço e tocar-te e, por conseguinte, ser tocada por ti.

Ó SENHOR, se me curares, serei verdadeiramente curado; se me salvares, serei verdadeiramente salvo. Louvo somente a ti!

JEREMIAS 17.14

Senhor, que tudo o que eu fizer seja para glorificar-te. Ajuda-me a cuidar bem do corpo que me deste. Ensina-me e ajuda-me a aprender. Conduz meus passos a pessoas que possam me ajudar ou aconselhar. Quando eu adoecer e precisar consultar um médico, mostra-me o médico a quem devo recorrer e dá-lhe sabedoria para tratar de mim. Capacita-me a disciplinar meu corpo e a dominá-lo (1Co 9.27). Sei que meu corpo é o templo do Espírito Santo, que habita em mim. Ajuda-me a entender completamente essa verdade, para que eu conserve meu templo limpo e saudável.

Portanto, quer vocês comam, quer vocês bebam,
quer façam qualquer outra coisa, façam
para a glória de Deus.

1CORÍNTIOS 10.31

Senhor, usa-me para tocar a vida de outras pessoas

Senhor, ajuda-me a te servir da maneira que tu desejas que eu te sirva. Revela-me se existe algo em minha vida que eu deva entregar a alguém neste momento. Abre-me os olhos para enxergar essa necessidade. Dá-me um coração generoso para com os pobres. Capacita-me a ser boa administradora das bênçãos que me concedes e a dividir com os outros aquilo que tenho. Mostra-me a quem devo estender a mão neste momento. Enche-me do amor que sentes por todas as pessoas e ajuda-me a transmiti-lo de maneira bem clara. Usa-me para tocar a vida das outras pessoas com a esperança que há em mim.

Sabemos o que é o amor porque Jesus deu sua vida por nós. Portanto, também devemos dar nossa vida por nossos irmãos.

1JOÃO 3.16

Senhor, mostra-me o que desejas de mim hoje para que eu seja uma bênção para outras pessoas. Não quero ficar tão concentrada em minha vida a ponto de não enxergar a oportunidade de falar de ti aos que me rodeiam. Mostra-me o que queres que eu faça e capacita-me a fazer isso. Dá-me tudo de que necessito para ministrar vida, esperança, ajuda e cura a outras pessoas. Quero ser uma de tuas fiéis intercessoras, e peço-te que me ensines a orar com poder. Ajuda-me a fazer grande diferença no mundo, de modo que trabalhes por meu intermédio a fim de tocar vidas para tua glória. Que meu maior tesouro seja sempre te servir.

Deus concedeu um dom a cada um, e vocês devem usá-lo para servir uns aos outros, fazendo bom uso da múltipla e variada graça divina.

1PEDRO 4.10

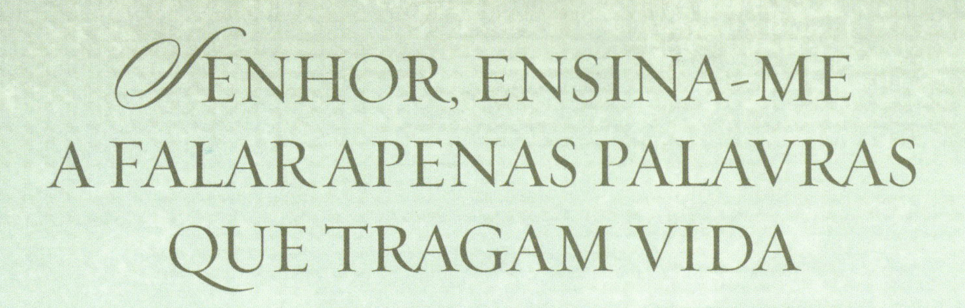

Senhor, ajuda-me a ser uma pessoa que fale palavras que edifiquem, não palavras que destruam. Quero ministrar palavras de vida, não palavras de morte, às situações e pessoas ao meu redor. Reabastece-me a cada dia com teu Santo Espírito, para que teu amor e tua bondade transbordem de meu coração e de minha boca. Ajuda-me a falar tudo o que é verdadeiro, nobre, é correto, puro, amável e admirável (Fp 4.8). Santo Espírito da verdade, guia-me em toda a verdade. "Que as palavras da minha boca e a meditação do meu coração sejam agradáveis a ti, SENHOR, minha rocha e meu redentor!" (Sl 19.14). Que toda palavra que eu falar reflita teu amor e tua pureza.

O rei se agrada de palavras que vêm de lábios justos
e ama quem fala o que é certo.

PROVÉRBIOS 16.13

Senhor, tua Palavra diz: "É da natureza humana fazer planos, mas a resposta certa vem do SENHOR" (Pv 16.1). Prepararei meu coração, meditando em tua Palavra todos os dias e obedecendo às tuas leis. Prepararei meu coração, adorando-te e dando graças em tudo. Enche-me o coração com amor, paz e alegria, para que fluam de minha boca. Oro para que me dês as palavras certas todas as vezes que eu falar. Mostra-me quando devo falar e quando não devo. E, quando eu falar, dá-me palavras que tragam vida e edificação.

Palavras bondosas são como mel:
doces para a alma e saudáveis para o corpo.

PROVÉRBIOS 16.24

SENHOR, TRANSFORMA-ME NUMA MULHER CUJA FÉ SEJA CAPAZ DE MOVER MONTANHAS

Senhor, aumenta minha fé. Ensina-me a viver por fé, não pelo que vejo (2Co 5.7). Dá-me força para permanecer firme em tuas promessas e crer em cada palavra tua. Sei que "a fé vem por ouvir, isto é, por ouvir as boas-novas a respeito de Cristo" (Rm 10.17). Aumenta-me a fé para que eu ore com poder. Ajuda-me a crer que tuas promessas serão cumpridas em mim. Oro para que a sinceridade de minha fé, que é "muito mais preciosa que o simples ouro", seja para glorificar-te (1Pe 1.7).

Eu lhes digo a verdade: se tivessem fé, ainda que do tamanho de uma semente de mostarda, poderiam dizer a este monte: "Mova-se daqui para lá", e ele se moveria. Nada seria impossível para vocês.

MATEUS 17.20

Senhor, sei que "a fé mostra a realidade daquilo que esperamos; ela nos dá convicção de coisas que não vemos" (Hb 11.1). Sei que sou salva "pela graça, por meio da fé", e esse dom vem de ti (Ef 2.8). Ajuda-me a usar "o escudo da fé para deter as flechas de fogo do maligno" (Ef 6.16). Sei que se fizer alguma coisa sem fé estarei pecando (Rm 14.23). Confesso-te meu pecado da dúvida e peço que me perdoes. Não quero que a dúvida venha prejudicar o que desejas fazer em mim e por meu intermédio. Aumenta-me a fé todos os dias, para que eu seja capaz de mover montanhas em teu nome.

Portanto, uma vez que pela fé fomos declarados justos, temos paz com Deus por causa daquilo que Jesus Cristo, nosso Senhor, fez por nós.

ROMANOS 5.1

SENHOR, TRANSFORMA-ME NUMA PESSOA SEMELHANTE A CRISTO

Senhor, quero ser transformada, e oro para que essas mudanças comecem hoje. Sei que não sou capaz de mudar a mim mesma de maneira significativa ou duradoura, mas, pelo poder transformador de teu Santo Espírito, todas as coisas são possíveis. Concede-me que, de acordo com a riqueza de tua glória, eu seja fortalecida no íntimo de meu ser (Ef. 3.16). Sei que suprirás todas as minhas necessidades, segundo tuas gloriosas riquezas em Cristo Jesus (Fp 4.19). Ajuda-me a permanecer separada do mundo sem ficar isolada dele. Que teu amor manifestado em mim testemunhe tua grandeza.

Fui crucificado com Cristo; assim, já não sou eu quem vive, mas Cristo vive em mim. Portanto, vivo neste corpo terreno pela fé no Filho de Deus, que me amou e se entregou por mim.

GÁLATAS 2.20

Senhor, ensina-me a amar as outras pessoas como tu as amas. Amacia as partes duras de meu coração. Reaviva as áreas murchas de minha vida. Dirige-me e instrui-me naquilo que eu tiver dificuldade de aprender. Torna-me fiel, generosa e obediente, como foi Jesus. Se eu oferecer resistência a mudanças, ajuda-me a confiar em tua obra em minha vida. Que tua luz brilhe em mim para que eu seja luz para todos os que me conhecem. Que não seja eu quem viva, mas que tu vivas em mim (Gl 2.20). Quero ser tão semelhante a Cristo que as pessoas, quando me virem, sintam o desejo de conhecer-te melhor.

Pois o seu Espírito confirma a nosso espírito que somos filhos de Deus. Se somos seus filhos, então somos seus herdeiros e, portanto, co-herdeiros com Cristo. Se de fato participamos de seu sofrimento, participaremos também de sua glória.

ROMANOS 8.16-17

SENHOR, LIBERTA-ME DE MEU PASSADO

Senhor, oro para que me tires da prisão do passado. Se o passado fez morada em mim, oro para que me livres, me cures e me redimas dele. Ajuda-me a esquecer todas as coisas do passado que me impedem de buscar tudo aquilo que tens para mim. Capacita-me a abandonar todas as formas antigas de pensar, de sentir e de lembrar (Ef 4.22-24). Dá-me a mente de Cristo, para que eu seja capaz de entender quando estou sendo controlada pelas recordações. Entrego a ti o meu passado e todas as pessoas relacionadas a ele, para que restaures o que foi perdido.

Todo aquele que está em Cristo se tornou
nova criação. A velha vida acabou,
e uma nova vida tem início!

2CORÍNTIOS 5.17

Senhor, dá-me alegria pelo tempo que me afligiste e pelos anos em que tanto sofri (Sl 90.15). Obrigada porque estás fazendo novas todas as coisas e estás me fazendo nova de todas as maneiras (Ap 21.5). Ajuda-me a olhar firme para a frente e a perdoar aquilo que necessita ser perdoado. Sei que queres fazer algo novo em minha vida hoje. Quero concentrar-me no lugar aonde devo ir, não no lugar onde estive. Liberta-me do passado para que eu me esqueça dele e pense no futuro que tens para mim.

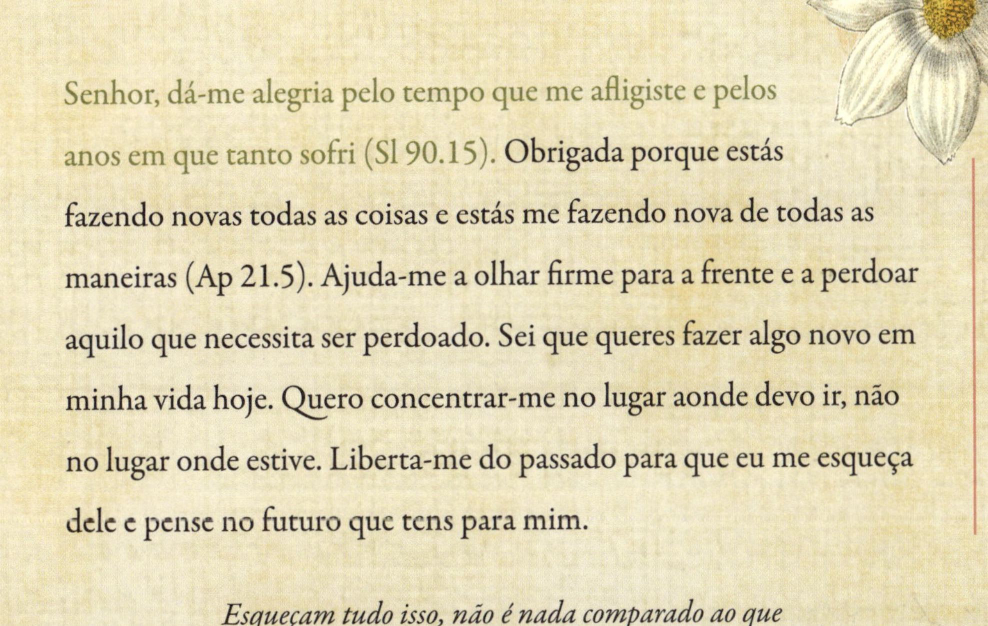

Esqueçam tudo isso, não é nada comparado ao que vou fazer. Pois estou prestes a realizar algo novo. Vejam, já comecei! Não percebem? Abrirei um caminho no meio do deserto, farei rios na terra seca.

ISAÍAS 43.18-19

Senhor, conduz-me ao futuro preparado para mim

Senhor, ponho meu futuro em tuas mãos e peço que me concedas plena paz a respeito dele. Quero estar no centro de teus planos para minha vida, sabendo que me deste tudo de que necessito para seguir em frente. Oro para que me concedas força para perseverar, sem jamais desistir. Disseste que "quem perseverar até o fim será salvo" (Mt 10.22). Ajuda-me a correr até o fim, sem esmorecer, para ganhar o prêmio que tens para mim (1Co 9.24). Quero estar sempre alerta em minhas orações, porque não sei quando minha vida terminará (1Pe 4.7).

O caminho dos justos é como a primeira luz do amanhecer, que brilha cada vez mais até o dia pleno clarear.

PROVÉRBIOS 4.18

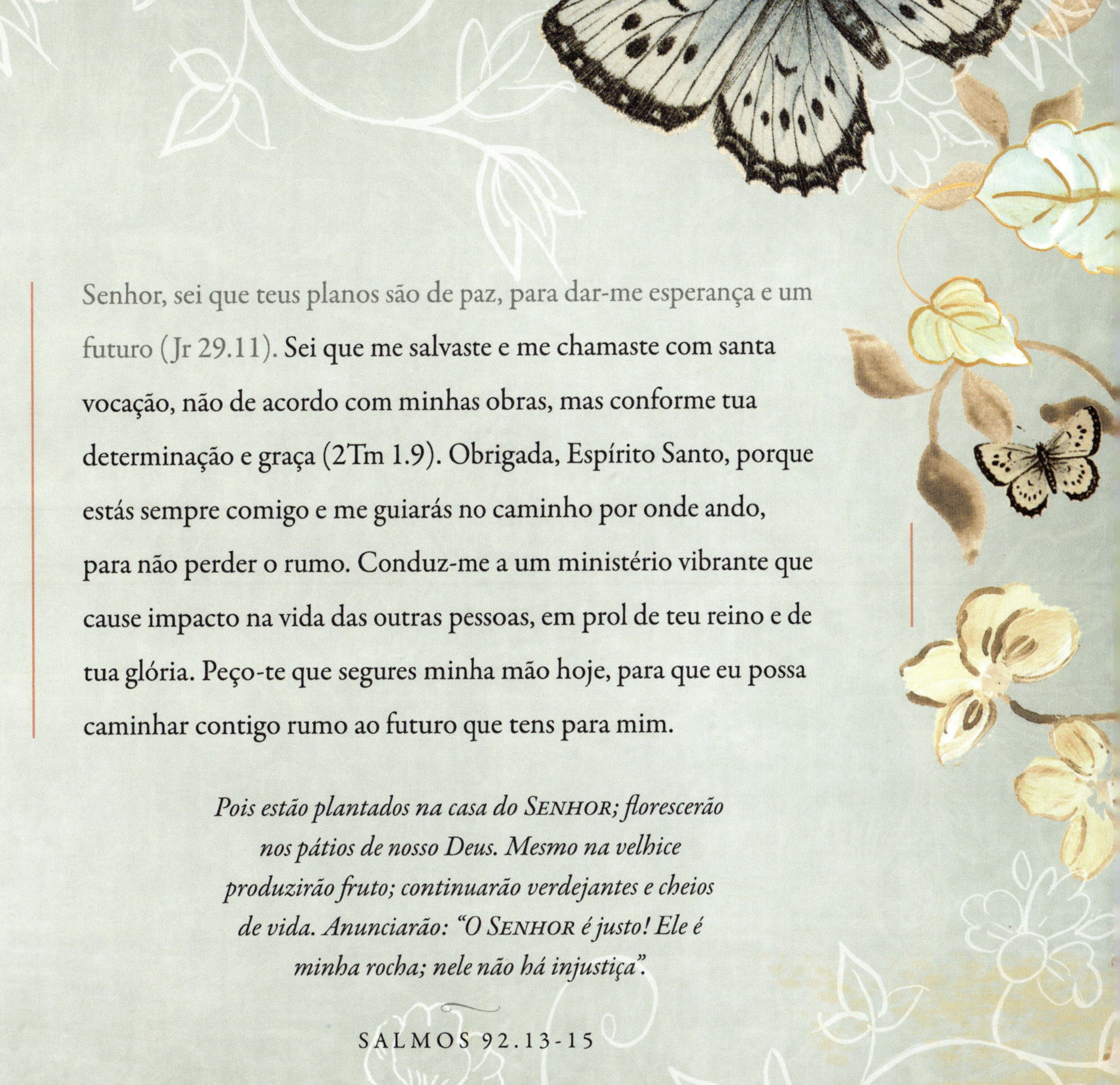

Senhor, sei que teus planos são de paz, para dar-me esperança e um futuro (Jr 29.11). Sei que me salvaste e me chamaste com santa vocação, não de acordo com minhas obras, mas conforme tua determinação e graça (2Tm 1.9). Obrigada, Espírito Santo, porque estás sempre comigo e me guiarás no caminho por onde ando, para não perder o rumo. Conduz-me a um ministério vibrante que cause impacto na vida das outras pessoas, em prol de teu reino e de tua glória. Peço-te que segures minha mão hoje, para que eu possa caminhar contigo rumo ao futuro que tens para mim.

Pois estão plantados na casa do SENHOR; florescerão nos pátios de nosso Deus. Mesmo na velhice produzirão fruto; continuarão verdejantes e cheios de vida. Anunciarão: "O SENHOR é justo! Ele é minha rocha; nele não há injustiça".

SALMOS 92.13-15

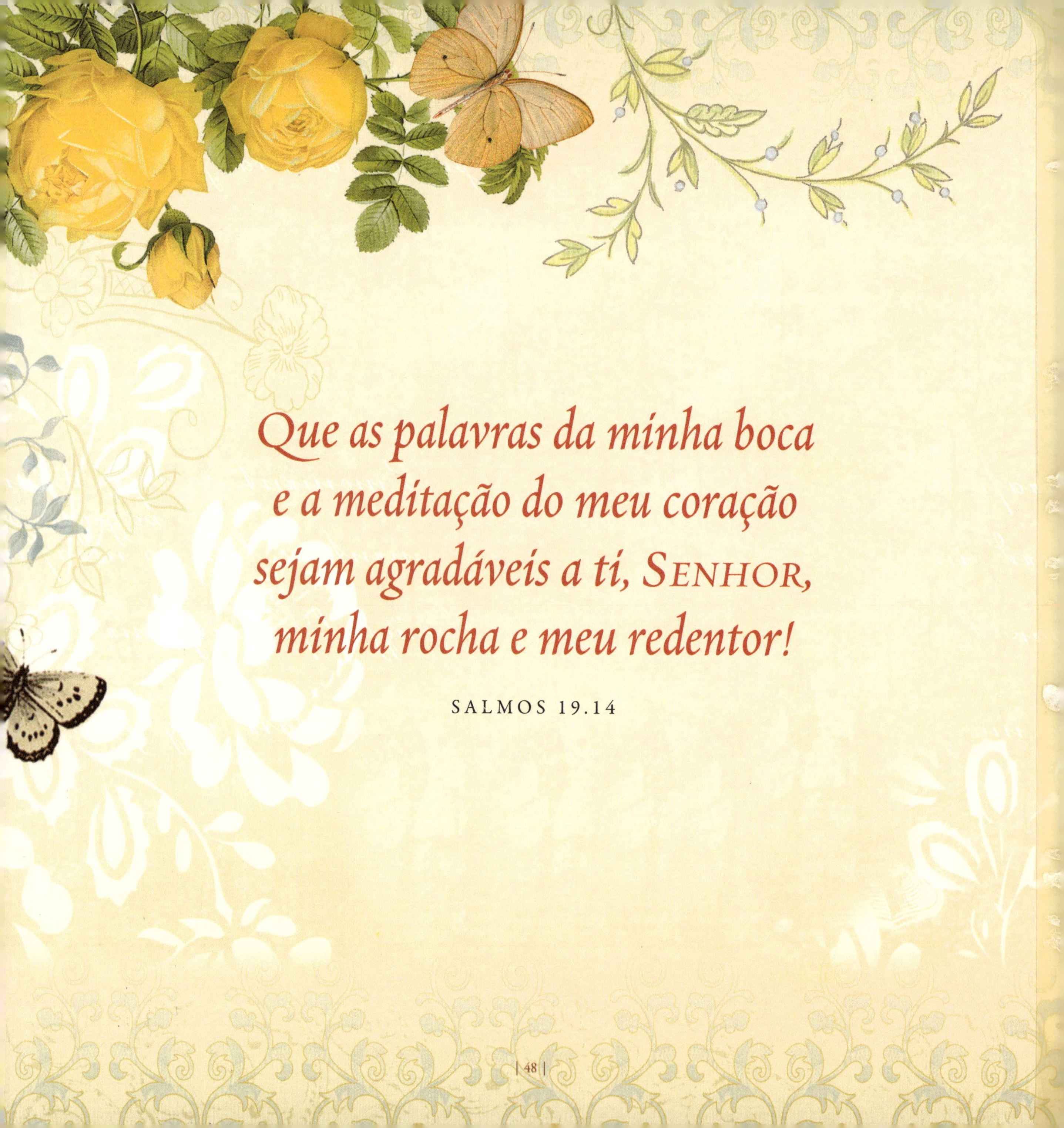

Que as palavras da minha boca
e a meditação do meu coração
sejam agradáveis a ti, SENHOR,
minha rocha e meu redentor!

SALMOS 19.14